AF231574

SECOND COMPTE

DES RECETTES ET DÉPENSES,

RENDU

PAR LE DÉPARTEMENT

DE L'ADMINISTRATION DU DOMAINE.

DU XXII JANVIER M. DCC. XC,
AU XXX AVRIL INCLUSIVEMENT.

A PARIS,

De l'Imprimerie de LOTTIN l'aîné, & J.-R. LOTTIN, Imprimeurs Ordinaires
de la VILLE, rue Saint-André-des-Arcs, N° 27.

M. DCC. XC.

COMPTE GÉNÉRAL
DE TOUTES LES OPÉRATIONS
FAITES À L'HÔTEL-DE-VILLE
DE PARIS,
TANT EN RECETTES QU'EN DÉPENSES,

Depuis le 22 Janvier 1790, jusqu'au 30 Avril, inclusivement.

RECETTE.

CHAPITRE PREMIER.
À CAUSE DES RECETTES QUI DÉRIVENT DU DOMAINE DE LA VILLE.

DÉNOMINATIONS DES ARTICLES.	MONTANT de chaque Recette.			TOTAL de chaque nature de Recette.		
	l.	f.	d.	l.	f.	d.
Il reſtoit en Caiſſe à l'époque du 21 Janvier 1790.	. 744,661	10	8			
La Caiſſe de la Ville étoit, à la même époque, en avance pour le compte du Roi, de	. 90,035	3	2	. 834,696	13	10
DROITS D'ENTRÉES & AUTRES.						
Barrières . . . { de Fontainebleau. . . . . : . .	. 30,000					
de S.-Jacques.	. 29,150					
de S.-Michel.	. 55,200					
des Carmes.	. 32,600					
	. 146,950			. 834,696	13	10

A

DÉNOMINATIONS DES ARTICLES.	MONTANT de chaque Recette.			TOTAL de chaque nature de Recette.		
	l.	s.	d.	l.	s.	d.
DE L'AUTRE PART.	146,951			834,696	13	10
Barrières — de S.-Germain.	7,065					
de la Ville-l'Evêque.	802	10				
du Roule.	28,610					
de la Conférence.	14,405	15				
de la Rapée.	305					
Blanche.	2,232					
de Sainte-Anne	1,128	5				
de S.-Denys.	17,205					
de S.-Martin.	17,805					
de la Courtille.	1,209	10				
de la Croix-Faubin	2,338	10				
de Picpus.	5,671	5				
de Rambouillet.	33,050					
Bureaux — de la Tourelle.	272,000			932,531	10	8
de la Halle au Vin	95,000					
de la Douane. . . Droits sur les Vins.	4,600	4				
de la Douane. . . Droits sur les Liqueurs.	3,153	15				
des Messageries.	600					
Bureau général — Hôtel de Bretonvilliers.	30,760					
pour les Bières.	13,350					
pour les Charbons.	8,650					
Ports — de S.-Nicolas.	84,304	6	8			
de la Grève.	5,000					
de S.-Paul . . . . . Droits d'Aides.	90,037	10				
de S.-Paul . . . . . Droits de Domaine.	800					
Octrois sur les Fermes.	45,500					
LOYERS, RENTES ET AUTRES REVENUS.						
Loyers de Terreins, Maisons, &c.	18,418					
Rentes — sur les Aides & Gabelles.	3,927	15	4	30,384	15	4
sur les Tailles.	59	10				
sur les Domaines & Bois.	7,666	9				
sur les Etats de Bretagne.	264	1				
sur l'ancien Clergé.	27					
RECETTES DIVERSES.						
Prix de Terreins vendus.	81,261	19	10			
Intérets du prix des Fossés & Porte de S.-Antoine.	848	1	6			
Terreins vendus. Place du Palais-Royal.	4,607	12	1			
	86,718	3	5	1,797,612	19	10

DÉNOMINATIONS DES ARTICLES.	MONTANT de chaque Recette.			TOTAL de chaque nature de Recette.		
	l.	f.	d.	l.	f.	d.
CI-CONTRE.	. . 86,718	3	5	1,797,612	19	10
Intérêts d'effets donnés en paiement & de Billets de la Caisse d'Escompte.	337	2	4			
Emprunt viager à 60 ans , autorisé par Arrêt du Conseil du 9 Août 1771.	. . .3,800			. 94,827	1	4
Contribution à l'arrosement par différens Propriétaires de Maisons.	. . .3,951					
Produits de Matériaux provenant de Maisons appartenant à la Ville.	 9	15				
Recouvremens de Frais.	. . . 11		7			
TOTAL DU CHAPITRE PREMIER.	. . . .	. .	. .	1,892,440	1	2

CHAPITRE II.

A CAUSE DES OBJETS DONT LA VILLE EST CHARGÉE POUR LE ROI.

DÉNOMINATIONS DES ARTICLES.	MONTANT de chaque Recette.			TOTAL de chaque nature de Recette.		
	l.	f.	d.	l.	f.	d.
Arrérage de l'Emprunt de { 600,000 . . . . Edit d'Août 1777.	. 125,000					
1,500,000 Déclaration du Roi de Sept. 1781.	. 207,500					
30,000,000 . . . . . Edit de Septembre 1786.	. 189,500					
Remboursement de l'Emprunt de 520,000.	. 260,000					
Pour la Construction du Pont de Louis XVI. Edit de Septembre 1786.	. 100,000			.874,500		
Appointemens des Commis-Mouleurs pour les Bois de Charbons.	. . 12,500					
Sommes versées par le Roi , pour être employées en legumes pour les Communautés.	. . .2,000					

CHAPITRE III.

A CAUSE DE LA RÉVOLUTION.

DÉNOMINATIONS DES ARTICLES.	MONTANT de chaque Recette.			TOTAL de chaque nature de Recette.		
	l.	f.	d.	l.	f.	d.
Contributions volontaires.	 84					
Prix de Matériaux de la Bastille.	. . .6,501	7	4			
Recouvrement de sommes avancées relativement à des opérations qui n'en ont pas nécessité l'emploi.	125			. . 18,300	18	10
Causes particulières.	. .9,336	15				
Montant des Mandats fournis sur la Caisse Militaire. . . .	. . .2,253	16	6			

CHAPITRE IV.

A CAUSE DES SUBSISTANCES.

DÉNOMINATIONS DES ARTICLES.	MONTANT de chaque Recette.			TOTAL de chaque nature de Recette.		
	l.	f.	d.	l.	f.	d.
Grains vendus à la Municipalité de Montlhéry.	371	12				
Sommes reçues du Trésor Royal.	5,109,000			5,119,371	12	
Recouvrement d'une Rescription de la Ferme générale non acquittée.	. . 10,000					

CHAPITRE V.

A CAUSE DE LA GARDE-NATIONALE.

DÉNOMINATIONS DES ARTICLES.	MONTANT de chaque Recette.			TOTAL de chaque nature de Recette.		
	l.	f.	d.	l.	f.	d.
Montant des Mandats fournis sur la Caisse Militaire.	. . . .	. . .		. 283,757		11

Nota. On n'a point ouvert un sixiéme Chapitre de Recette pour l'opération des Biens Ecclésiastiques, attendu qu'elle n'a occasionné jusqu'ici que des frais, dont le montant se trouve au VIe Chapitre de Dépense.

DÉPENSE.

CHAPITRE PREMIER.

A CAUSE DES DÉPENSES QUI CONCERNENT LE DOMAINE DE LA VILLE.

DÉNOMINATIONS DES ARTICLES.	MONTANT de chaque Dépense.			TOTAL de chaque nature de Dépense.		
	l	f.	d.	l.	f.	d.
RENTES PERPÉTUELLES POUR EMPRUNTS.						
Arrérages d'un Emprunt { sur l'ancien Domaine de la Ville. en 1551	4,580	11	11			
sur les Octrois. . . . . en 1551	4,138	12	10			
sur l'annuel des Officiers de la Ville 1681 & 1715.	2,110		9			
sur le nouveau Domaine. 1700 & suivantes.	17,798	15	9			
sur les droits des Boucheries. 1705	9,351	4	2			
sur les Boissons. . premier Emprunt 1707	1,159	11	6			
idem. . . . . . . second Emprunt. 1724	3,674	18	2			
sur les droits des Rouleurs des Vins 1733	58,115	8	3			
sur les droits des Jaugeurs de Vins. . 1741	79,651	15	8			
de 700,000 liv. idem des Essayeurs. 1744	4,354		7			
de 800,000 liv. idem. 1745	7,015	1	1			
pour payer les dettes de l'Opéra. . . 1750	1,379	10				
de 600,000 liv. sur l'Hôtel de Conti. 1751	5,391	7	6	333,157	8	6
Arrérages des Créances dues sur l'Hôtel de Conti.	7,548		3			
Arrérages d'un Emprunt { de 4,800,000 liv. pour Don gratuit. 1758	9,728	5				
pour l'Hôtel de Soissons. 1762	8,880	14	11			
de 600,000 liv. pour Halle & Garre. 1764	7,777	11	11			
de 560,000 livres. 1766	4,378	1	2			
de 500,000 liv. pour Halle & Garre. 1767	8,400					
de 500,000 liv. idem. 1767	1,250					
au denier 25. 1767	26,126	12	8			
de 8,600,000 liv. 1767	53,041	12	2			
au denier 20.	4,560	16	2			
pour la Comédie Françoise. 1774	1,944	13				
				333,157	8	6

DÉNOMINATIONS DES ARTICLES.	MONTANT de chaque Dépense.			TOTAL de chaque nature de Dépense.		
	l.	f.	d	l.	f.	d.
DE L'AUTRE PART.	. . . . . .			. 333,157	8	6
RENTES VIAGÈRES POUR EMPRUNTS.						
Arrérages d'un Emprunt { de 1,000,000. 1750	. . . 616	13	4			
de 1,200,000. 1758	. . 13,781	13	4	. . 72,287	3	4
de 1,200,000. 1762	. . 20,964	3	4			
de 150,000. 1771	. . 36,924	13	4			
RESCRIPTIONS.						
Remboursement ds Capitaux.	. 138,400			. 149,080		
Intérêts des Rescriptions renouvelées.	. . 10,680					
CHARGES SUR LES FONDS ET DROITS.						
Vingtiémes . . { fur les Octrois.	. . 45,000			. . 45,953	19	
fur les Biens fonds.	. . 953	19				
GAGES, DROITS, HONORAIRES ET AUTRES FRAIS D'ADMINISTRATION.						
Gages des Offices créés en 1690.	. . 1,423					
Autres Gages & Droits.	. . 1,350	17	3			
Taxations au Tréforier, & intérêts du million de fa finance.	. . 25,000					
Commis { fur les anciens droits. . , ...	. . 33,726	15				
aux Entrées { fur les nouveaux droits.	. . 7,775			. 115,290	3	1
Employés. . . . { à l'Adminiftration. . , ...	. . 35,856	13	4			
à la Halle & à la Garre.	. . 2,051	10				
Solde de la Garde fédentaire.	. . 5,406	7	6			
Gratifications ordinaires.	. . . 300					
Provifion de retraite à M. Boudreau.	. . . 2,400					
RÉPARATIONS, ENTRETIENS ORDINAIRES, &c.						
Entretiens. . . . { Par baux à l'année.	. . 30,046	14	3	. . 31,105	9	3
des maifons du Domaine de la Ville. . . .	. . . 758	15				
Travaux à la Garre.	. . . 300					
				. 746,874	3	2

DÉNOMINATIONS DES ARTICLES.	MONTANT de chaque Dépense.			TOTAL de chaque nature de Dépense.		
	l.	f.	d.	l.	l.	d.
CI-CONTRE.........				746,874	3	2
TRAVAUX EXTRAORDINAIRES D'EMBELLISSEMENS ET AUTRES OBJETS D'UTILITÉ PUBLIQUE.						
Terrasse à la Garre............	21,081	13	4			
Travaux sur la Rivière...........	16,669	19	8			
Immeubles des ci-devant Gardes-Françoises..........	6,906					
Frais d'impression pour les Hôpitaux....	11,987	5		58,689	4	
Restant du prix d'une Maison, rue de la Roquette, acquise par la Ville............	1,954	6				
DIVERSES DÉPENSES ORDINAIRES.						
Pensions................	100					
Frais — de Police............	617	12	6			
— de Greffe............	105	17	6			
— de procédure criminelle...........	189	3	3			
— ordinaires d'approvisionnemens pour Paris....	1,200					
Habillement des gens attachés à la Ville........	5,366	10				
Service extraordinaire des Gardes de la Ville.......	72					
Fournitures de Chandelles............	4,773	13		18,406	6	9
Etrennes du premier Janvier 1790.......	132					
Alimens aux Prisonniers...........	88	18				
Secours aux Noyés.............	2,063					
Dépenses diverses & particulières..........	932					
Montant d'une action des Indes qui avoit été donnée en paiement, qui a été rendue, & pour laquelle il a été payé, y compris les intérêts échus............	2,565	12	6			
DIVERSES DÉPENSES POUR ÉVÈNEMENS EXTRAORDINAIRES.						
Naissance de M. le Dauphin...........				184		
TOTAL DU CHAPITRE PREMIER......				824,153	13	11

CHAPITRE II.

EMPLOI DES FONDS VERSÉS PAR LE ROI.

DÉNOMINATIONS DES ARTICLES.	MONTANT de chaque Dépense.			TOTAL de chaque nature de Dépense.		
	l.	f.	d.	l.	f.	d.
Avances de la Ville à l'époque du 21 Janvier 1790 pour les objets ordinaires à fa charge. 30,966 3 4						
Plus, pour fommes portées en dépenfe au Compte des Domaines, & qui, d'après vérification, doivent être portées au compte du Roi. 59,068 19 10	. . 90,035	3	2			
Arrérages d'un Emprunt { de 600,000 l. Edit d'Août 1777. { Rentes perpétuelles.	. . 73,317	16	3			
{ Rentes viagères. . .	. . 33,313					
de 15,000,000 Edit de Septembre 1781.	. 249,615	9	11			
de 520,000 Arrêt du Conseil du 31 Octobre 1782.	. . 10,721	3	6			
de 30,000,000 Edit de Septembre 1786.	. 221,245	14	10			
Viager pour la Comédie Françoife. . . .	. . . 1,650			1,104,463	5	4
Arrérages de rentes conftituées pour douaires affignés fur les Maifons des Ponts.	. . 17,003	14	8			
Remboursement fur l'Emprunt de 520,000 l.	. 260,000					
Indemnité des Maifons des Ponts. { Principaux.	. . . 7,410					
{ Intérêts.	. . . 2,980	8	6			
Frais relatifs à la démolition des Maifons des Ponts. . .	. . . 9,756	19	6			
Pour la Conftruction du Pont de Louis XVI.	. 105,060					
Appointemens des Commis-Mouleurs.	. . 20,355	15				
Fournitures aux pauvres Communautés Religieufes, de morue & légumes pendant le Carême.	. . . 1,998					

CHAPITRE III.

A CAUSE DE LA RÉVOLUTION.

DÉNOMINATIONS DES ARTICLES.	MONTANT de chaque Dépense.			TOTAL de chaque nature de Dépense.		
	l.	f.	d.	l.	f.	d.
Frais de démolition de la Bastille.	137,763	12	6			
Armes distribuées au Public.	8,786	19	6			
Sûreté dans & hors Paris.	43,310	10	8			
Secours aux Districts & à quelques Particuliers.	14,680	17				
Impressions.	10,000					
Affiches.	1,145			417,067	14	11
Appointemens des Employés dans les Bureaux de la Mairie de Rédaction & des différens Départemens & aux Secrétaires des Districts.	61,281	1	4			
Dépenses diverses.	110,099	13	11			
Indemnité à M. le Maire.	10,000					

CHAPITRE IV.

A CAUSE DES SUBSISTANCES.

DÉNOMINATIONS DES ARTICLES.	MONTANT de chaque Dépense.			TOTAL de chaque nature de Dépense.		
	l.	f.	d.	l.	f.	d.
Frais de Voyages.	16,130	15				
Prix de Grains, de Farine & de Mouture.	3,460,555	18	3			
Frais de voitures & indemnités y relatives.	372,434	15	5			
Prix & frais d'exploitation & garde des Moulins à bras & bluteaux.	268,840	8	6	4,752,730	10	8
Solde, Appointemens & Gratifications aux Soldats employés à la Halle aux Grains, à l'Ecole-Militaire & au Bureau des Subsistances.	19,819	13	4			
Prêts aux Boulangers.	1,000					
Primes aux Boulangers.	556,653	16	8			
Objets divers.	57,295	3	6			

CHAPITRE V.

A CAUSE DE LA GARDE-NATIONALE.

DÉNOMINATIONS DES ARTICLES.	MONTANT de chaque Dépense.			TOTAL de chaque nature de Dépense.		
	l.	f.	d.	l.	f	d.
Casernement.	172,546	6	7			
Habillement.	189,137	2	5	468,212	12	8
Armement & Equipement.	81,406	10				
Dépenses diverses..	25,112	13	8			

CHAPITRE VI.

A CAUSE DES OPÉRATIONS RELATIVES AUX BIENS DU CLERGÉ.

DÉNOMINATIONS DES ARTICLES.	MONTANT de chaque Dépense.			TOTAL de chaque nature de Dépense.		
	l.	f.	d.	l.	f.	d.
Frais de Bureaux pour recevoir les Déclarations.				5,299	6	6

RÉCAPITULATION.

RECETTE.

	l.	f.	d.	l.	f.	d.
CHAPITRE Ier à caufe des Recettes qui dérivent du Domaine de la Ville.	1,892,440	1	2			
CHAPITRE II. à caufe des objets dont la Ville eft chargée pour le Roi.	874,500	»	»			
CHAPITRE III. à caufe de la Révolution.	18,300	18	10	8,187,969	12	11
CHAPITRE IV. à caufe des Subfiftances.	5,119,371	12	»			
CHAPITRE V. à caufe de la Garde-Nationale.	283,357		11			

DÉPENSE.

	l.	f.	d.	l.	f.	d.
CHAPITRE Ier à caufe des Dépenfes qui concernent le Domaine de la Ville.	824,153	13	11			
CHAPITRE II. à caufe des objets dont la Ville eft chargée pour le Roi.	1,104,463	5	4			
CHAPITRE III. à caufe de la Révolution.	417,067	14	11	7,571,927	4	»
CHAPITRE IV. à caufe des Subfiftances.	4,752,730	10	8			
CHAPITRE V. à caufe de la Garde Nationale.	168,112	12	8			
CHAPITRE VI. à caufe des opérations relatives aux biens du Clergé.	5,299	6	6			
Excédant de Recette.				616,042	8	11

RÉCAPITULATION GÉNÉRALE

*Des deux Comptes, du 13 Juillet au 21 Janvier 1790,
& du 22 Janvier au 30 Avril.*

RECETTE.

	l.	f.	d.		l.	f.	d.
Compte du 21 Janvier 1790........	11,605,165	1	9				
Compte du 30 Avril. . . 8,187,969 12 11							
D'où il faut déduire le reftant en Caiffe au 21 Janvier. 744,661 10 8				19,048,473	4	»
	7,443,308	2	3				

DÉPENSE.

	l.	f.	d.		l.	f.	d.
Compte du 21 Janvier 1790........	10,860,503	11	1				
Compte du 30 Avril..........	7,571,927	4	»	18,432,430	15	1
Reftant en Caiffe au 30 Avril. . .					..616,042	8	11

*Certifié fincère & véritable, & conforme au Bordereau de Caiffe, du 30
Avril 1790.*

LE COUTEULX, *Lieutenant de Maire.*

PITRA, TRUDON,

AVRIL, SANTERRE,

Confeillers - Adminiftrateurs.